AF413605

जिस पथ पर प्रिय हम चले,
वो रस्ते मंज़िलों से भले,
जीवन के ताप के तले,
ना मेरे भाव, ना तेरे एहसास जले।

वीणा-वादिनी सभी सुस्वर मेरे तुझे समर्पित

कुछ शब्द

"यह भाव, ये एहसास" बीते वर्षों में लिखी मेरी कविताओं और ग़ज़लों का संग्रह है, जिन्हें रूपानुसार **कविता** और **ग़ज़ल** श्रेणियों में यहाँ प्रस्तुत किया गया है।

मैं आशा करता हूँ कि इन रचनाओं के शब्द अपनी कहानी सुनाते हुए आपके भावों की अभिव्यक्ति में और आपकी कहानी में सहायक होंगे। सुगम पाठन और काव्य अलंकारों के आनंद के लिए, जैसे उचित, रचनाओं के साथ कुछ शब्दार्थ भी प्रस्तुत किए गए हैं। अंतत: किसी भी कविता का सटीक अर्थ तो उसके शब्दों के साथ पाठक और परिस्थिति अनुसार ही रचित होता है।

अपनी सलाह और प्रतिक्रिया ई-मेल द्वारा ज़रूर भेजिए।

ऑक्सफ़ोर्ड,
यूनाइटेड किंगडम
07/07/2024

अमित राज धवन
amit.dhawan.poetry@gmail.com

अनुक्रम

कविता

वीणा-वादिनी — 1

प्रिय संकल्प — 4

अब क्या जब मन नहीं — 6

उड़ा ले जा — 8

उड़ता पंछी — 9

सूरज को — 19

गुरू की खोज — 21

सटीक जीवन — 23

हारते का हृदय — 25

यौवन परिचय — 27

आज अचानक — 30

कल्पना जगत — 32

अब — 34

नूर-नयनी — 36

प्रेम किरण — 38

पिता को गौरव   39

सरस्वती   42

अथाह सागर   44

किससे कहें?   45

आक्रोश   47

कलियुग   49

चल वहाँ चलें   52

पार्थ-प्रिय   54

कविता का कवि   55

प्यारी नानी   57

ग़ज़ल

हाले दिल   61

लगता है मुझे   62

ऐ दिल   65

तेरी आँखों में   67

क्या रखा है   68

आस   69

ज़िन्दगी   70

है कि नही   73

क्या कुछ किया   74

सुर में नही   76

ज़ख़्म-ए-वक़्त   78

दुःखता है बहुत   80

ऐसा क्यों   82

नही जीने की तमन्ना   84

यारा   85

इश्क़   86

क़दर   88

रो-रो कर   89

पत्थर   91

ख़ुद को बरबाद कर देखते हैं   92

ऐसा क्यों   93

वो क्या हो गए   95

क्या हैं   97

निर्मला   100

वो बहारें कहाँ हैं?   101

ग़र वो ना मिलें   102

निकलेगी जान   104

चैन कहाँ   106

ख़्यालों में   107

ऐ मुहब्बत   108

ये सितम   110

दिल की कसक   112

वो और मुहब्बत मेरी   113

शिकवा   115

क्यों ना बना   116

दिले दिलदार   117

तेरे इंतज़ार में   118

तूँ   120

तुम कहो तो   121

कविता

वीणा-वादिनी

ओ वीणा-वादिनी सभी सुर मेरे तुझी से हैं सजते,

साँसों के कोमल तार तेरे कदमों की आहट से हैं बजते।

जीवन संघर्ष का सजदा तुझे सजाते है सजा,

इस तपसी के तप में तोरा प्यार है रजा।

सर्वतः क्रम-श्रम-प्रमा प्रेरित तुझसे,

सरोज सम सर्वस्व मेरा तुझी से अर्पित तुझपे,

तृषा तुम तोय तुम, तोद तुम प्रमोद तुम,

जीवन संगीत की वादिनी वीणा-वादिनी हो तुम।

जीवन दर्शन पर अपने गर्व मुझको,

लक्ष्य जिसका पवित्र पाना तुझको।

इस सोच को निछल-निछान-नित निभाया,

ना पछताया ना ग़िला मनाया, क्या खोया क्या पाया।

पीड़ा गले का हार बनी, तड़प कवचधार बनी,

थी परिस्थितियाँ विरोधी बनी, पर प्रेम आगे कोई ना ठनी।

हाँ, सम सावन यौवन असमय गया सूख,

सूखे इस सावन में बसी नम आँसुओं की भूख।

इक भय है जो भयभीत करता,

हृदय कोमल जिससे है डरता,

अपने अर्जित तेज में चमक नहीं,

और संसार समक्ष ये तेज, तेज नहीं,

लोग वाणी की ऊँचाई मापें, गहराई नहीं,

सीपीयों का है बोल बाला, मोतियों की पूछाई नहीं।

हर कदम करना कर्म-उल्लेख ना मोहे सुहाए,

तूँ नयन ज्योति दे ऐसी कि स्वय: सर्व परिचय हो जाए।

है फैला जग में ये कैसा रोग,

सरस्वती अनमोल का मोल करते लोग,

है हर पथ ऐसे पथिकों से पथराया हुआ,

है अंधकार निशा का हर दिशा छाया हुआ!

विद्या लक्ष लक्ष्मी वश विचलित हो रहा,

विद्या-अर्थ विद्यार्थी वश नष्ट हो रहा।

ऐसी अमावस में अरुण को पुकार मेरी,

संकल्प मेरा गौरव गरिमा बनी रहे तेरी।

जीवन संकल्प में जीवन मेरा जो सूख जाए,

तूँ दृग जल से तृप्त कर देना इसे जगाए,

कितनी ही हो चाहे मूर्छन आई पड़ी,

दृग जल संजीवनी से सजीव हो जड़ता होगी खड़ी,

पाक प्रेम तेरा पराजय में जय भर देगा,

परास्त ये अचेतन अजय हो फिर चलेगा,

ओ प्रिय तुझसे संलाप का आलाप माँगता हूँ,

सुकर्म संचित का खुद से तुझ पर चढ़ाव माँगता हूँ।

शब्दार्थ

सजदा प्रार्थना।

रजा 1. आशा; आस 2. भरा हुआ (विशेष प्रयोग, रजने से (पंजाबी)।

सर्वतः 1. सभी ओर; चारों तरफ़ 2. पूरी तरह से।

क्रम 1. योजना 2. सिलसिला।

श्रम 1. मेहनत 2. प्रयास।

प्रमा चेतना; यथार्थबोध।

तृषा 1. प्यास 2. तीव्र इच्छा; अभिलाषा।

तोय जल; पानी।

तोद 1. तीव्र कष्ट; व्यथा 2. वेदना।

प्रमोद 1. प्रसन्नता या हर्ष 2. सुख।

अर्जित 1. संगृहीत 2. प्राप्त किया हुआ।

गरिमा महत्व; गौरव; गर्व।

दृग आँख; नेत्र।

तृप्त 1. संतुष्ट 2. प्रसन।

मूर्छन अचेत अवस्था।

संलाप परस्पर वार्तालाप; आपस की बातचीत।

आलाप गाने का आरंभिक अंश।

प्रिय संकल्प

जलता हूँ, जलता जलूँगा,
तब तक तपूँगा,
जब तक रहूँगा,
संकल्प करूँगा,
है आज कही और फिर कहूँगा,
मैं तपता तपसी हूँ और तन्मय तप करूँगा।

हो चाहे बसंत,
या हो शीत अनंत,
हो घाम घनघोर,
या सावन मीठा छोर,
परिस्थिति से अपरिचित हो तप करूँगा,
मैं तपता तपसी हूँ और तन्मय तप करूँगा।

प्रेरणा जीवन की मेरी,
करती प्रेरित साँझ सवेरी,
ईष्ट प्रिय है अनमोल,
देता दर्शन ज्ञानचक्षु खोल,
प्रेम डगर पर चल प्रिय चलूँगा,
मैं तपता तपसी हूँ और तन्मय तप करूँगा।

क्या भाग्य की हेरा फेरी,

हर घड़ी विलम्ब देरी,

एक विजय के लिए,

सौ-सौ बार हार लिए,

तेरे प्रेम के लिए ताउम्र लड़ूँगा,

मैं तपता तपसी हूँ और तन्मय तप करूँगा।

आज भावों ने बहुत रुलाया,

गो से दरिया बहाया,

प्रेम में पीड़ा सब सह लूँगा,

अपने अश्रु पी अमृत चख लूँगा,

है आज कही और फिर कहूँगा,

मैं तपता तपसी हूँ और तन्मय तप करूँगा।

शब्दार्थ

तन्मय 1. किसी काम में बहुत एकाग्र भाव से लगा हुआ 2. समाधिस्थ।

शीत ठंड।

घाम सूर्य का ताप; धूप; गरमी।

घनघोर भयंकर; ज़बरदस्त।

गो आँख।

अब क्या जब मन नहीं

मुस्कुराने की चाहत ने उसे आँसु रुलाए कई,
और जब रो-रो कर आई मुस्कुराहट तो वो बोला,
"क्या मुस्कुराऊँ अब जब मुस्कुराने की अदा ही भूल गई?"

हाथ की लकीरें, भाग्य के सितारे, कैसे क़िस्मत के नज़ारे,
हाथ साफ़ नहीं, सितरे चमके नहीं, क़िस्मत दमकी नहीं,
"वो क्या करेगा जीत कर अब जब जीतने के सब हौसले हैं हारे?"

अँधेरी कोठरी में कैद उसने सालों रौशनी की दुआ की,
रौशनी तो आई पर ऐसी बिजली के साथ कि मुँह से निकला,
"जब रौशनी पड़ी आँखों पर तो आँखों की रौशनी ही छीन ली!"

दर्द भरे शब्दों को लिख वो डूब गया इनमें,
पढ़ इन्हें क्यों ना उसे गले लगा पूछा किसी ने,
"अमित इतना दर्द कैसे भरा तुम्हारे सीने में?"

उस दुःखी दिल को, सिवा उसकी आत्मा ने, समझा किसी ने नहीं,
जब वो दुःख में मर गया तो बोली आत्मा,
"चाहे दुःख ही देखा इस दिल में पर इसे छोड़ने का दिल नहीं।"

ऐसी होगी ज़िन्दगी उसने भी सोचा ना था कभी,
मरे को पूछने आए लोगों को देख मैंने कहा,
"जीते को पूछा ना, मरे को मशहूर करने आए हैं सभी!"

अमित 1. अत्यधिक; बेहिसाब 2. कवि का नाम।

उड़ा ले जा

ऐ कविता बनकर परि,
मेरे शब्दों को उड़ा ले जा,
वो जो सुनने वाला है हरि,
उसे सुनाने को जा।

देता हूँ आज घड़ा भरा,
है भरा पर नहीं बड़ा,
आशा, परिश्रम, प्रेम से जड़ा,
लज्जित तेज मेरा इसे लिए खड़ा।

कृपया इसे ले जा,
देना है उसे जिसे,
उसे अभी देकर आ,
हाँ आते समय संदेशा उसका लेकर आ।

उड़ता पंछी

उड़ने का उसने प्रण लिया,
धरा का हर कण छोड़ दिया,
विलोल कर वियुग्म व्योम में,
पहला प्रण चरण सिद्ध किया।

अमल अमित अंबर के तले,
वायु बिना विलोप के चले,
मरुत में वो पंख मारता,
पंछी पवन संग से खिले।

उड़ने का हर्ष बड़ा प्रबल,
पर पुष्कल इसमें लगे बल,
उसको अब थकान सताए,
पंखी परखे क्या वो सबल।

सम्पूण हो उसका संकल्प,
मनोरथ ही उसका विकल्प,
विषमता पुकारे विश्वास,
यक़ीन अति पर अनुभव अल्प।

उत्साह ने उसे चढ़ाया,
भव बाधाओं से लड़ाया,
प्रतिकूलता प्रतिक्षिप्त करा,
उसको प्रण पथ पर बढ़ाया।

वायु में रहा परिंदा झूल,
दुःख दर्द पीड़ा सब भूल,
सु-गौरव सिद्धांत सिद्धि का,
हटाये सफ़र के सब शूल।

वर्षों से वो रहा विलोल,
वीर वारिद में रहा डोल,
वचन विरत वो एक विरला,
मही देख मन रहा टटोल।

नीचे वसुंधरा पर विपिन,
पादप, पुष्प, फल भिन्न-भिन्न,
मनभावन उपवन में उसे,
दिखें विभोर विहंग विभिन्न।

कुछ विहग टहनियाँ हिलाते,
और कुछ मधुर गीत गाते,
बच्चे खेलों में हैं मग्न,
तो कुछ आराम फ़रमाते।

जोड़े प्रेम चोंच लड़ाएँ,
कई पेड़ों के फल खाएँ,
उस उड़ते पंछी को सभी,
प्रसन्न प्रफुल्ल नज़र आएँ।

अब वो देखे अपना हाल,
मार-मार पर वो बेहाल,
तन से थका पहले ही था,
उपवन ने किया मन निढाल।

पशोपेश ले प्रश्न आई,
क्यों ये कड़ी शपथ उठाई?
वचन आजीवन उड़ने का,
ले कठिन ज़िन्दगी बनाई।

आप वो आप को पुकारे,
स्मृत वो उपवन के नज़ारे,
योद्धा लगा मोल लगाने,
क्या जीते और क्या हारे।

"यूँ उड़ कर क्या हाथ आया?
संसार से उठ क्या पाया?
प्रण ने लगभग प्राण लिए,
विकट व्रत क्या सिद्ध कराया?

जीता जो औरों की भाँति,
तो मुखड़े पर होती कांति,
आनन्द ऐश्वर्य भोग से,
होती ज़िन्दगी कांति-कांति।"

वो कर-कर कर्म था सश्रम,
उपर से मन में बैठा भ्रम,
नहीं ऊर्जा उस की उर्वर,
ऐसे में क्या करे श्रम?

उलझन में चित था उलझा,
मन में था मनोवेग भुझा,
क्या बादल से बरसी बूँद,
अपना नेत्रजल जल सूझा।

पीड़ा में परिंदे का मन,
टूट रहा मनोबल वा बन,
पंख भी हिलने ना पाँए,
धरित्री-दिशा गिर रहा तन।

अवनि ओर गिर रहा ऐसे,
टूटा हुआ तारा जैसे,
कहाँ गया उसका संकल्प?
पूछे वो किससे व कैसे?

अक्षि से बहती जल धारा,
पक्षी को लगे सब हारा,
वो प्रण ही था प्राण उसके,
क्या विधि ने वो छीन मारा?

उसकी दशा का क्या कारण?
इस समस्या का क्या वारण?
क्यों बहका तेजस्वी मनस,
देख बाग़ का भोग पारण?

"जिस प्रण पर मार पर पर पर,
वारे प्राण पर से पण पर,
वही प्रण बिना पर हिलाए,
उड़ाए बाहों में भरकर।"

खुद को लगा याद दिलाने,
लगा यश के तार हिलाने,
पर तो अब भी थे स्थिर मगर,
खग खुदी को लगा जिलाने।

"प्रण दीप बुझने ना पाए,
प्राण जाए, पण रह जाए,
अंग अचला लगने से पूर्व,
मेरी इति साँस निकल आए।"

जो जीवित जी ऐसे मरे,
तो कोई कुछ कैसे करे,
छूटा प्रण प्राण बन आए,
दुविधा जैसे-तैसे हरे।

धरा लगने वाली ही थी,
अंतिम स्तुति निकाली ही थी,
की चाहा चमत्कार हुआ,
हुई बात निराली ही थी।

ऐसी कोई शक्ति आई,
जो ना देखी ना सुनाई,
बिना पर हिलाए पंछी को,
अलौकिक उड़ाई भराई।

यूँ उपर जा रहा नभचर,
ज्यूँ ज्योति तिमिर को भेदकर,
वो भी बिना पंख चलाए,
प्रभु उड़ाया खेद छेदकर।

अपनी प्रतीति जीती देख,
मन में साहस हुआ श्रुतलेख,
फिर जो उसने पर पसारे,
नहीं होत उसका उल्लेख।

उल्लास से आँखे थी नम,
था उड़ान में आवेग अनुपम,
प्रार्थना पूण हुई पाई,
तो जागा उसका परम धरम।

कृतज्ञ परिंदा था मस्त,
हुआ था मन का तम निरस्त,
उसका प्रण ले प्राण आया,
जोश ने भरी अनंत जस्त।

जब-जब विहग के लगते पर,
समीर को भेद छाती पर,
लगता ज्यों दामिनी दमकी,
नीरद को छेद धरती पर।

दिव्य थी उसकी उड़ान,
तन व मन ना कोई थकान,
उड़ कर धाराधर के पार,
पखेरू ने किया सिद्ध सुजान।

शब्दार्थ

प्रण दृढ़ निश्चय; प्रतिज्ञा।

विलोल लहराता या हिलता हुआ।

वियुग्म 1. अकेला 2. विलक्षण; अनोखा।

व्योम आकाश; अंतरिक्ष।

अमित 1. बेहद; बेहिसाब; अपरिमित जो मापा न जा सके 2. अज्ञात।

विलोप बाधा।

मरुत हवा; वायु ।

पुष्कल 1. उत्तम 2. स्वच्छ; निर्मल।

पंखी पक्षी।

सबल जिसमें शक्ति हो; बलशाली; बलवान।

मनोरथ 1. मन की इच्छा या अभिलाषा 2. संकल्प।

विषमता 1. कठिनाई 2. विकट स्थिती।

प्रतिक्षिप्त बलपूर्वक हटाया हुआ।

शूल 1. काँटे 2. बाधाएँ।

विरत वैरागी; भौतिकता आदि से दूर रखने वाला।

मही पृथ्वी।

विपिन वन।

पादप पौधा; वनस्पति।

विभोर मग्न; मस्त।

विहंग पक्षी।

विहग पक्षी।

प्रफुल्ल प्रसन्न; आनंदित।

निढाल 1. अशक्त 2. जो असफल होने पर उत्साह रहित हो गया हो; पस्त।

पशोपेश 1. दुविधा; असमंजस 2. लाभ-हानि का विचार।

विकट 1. कठिन; मुश्किल 2. दुर्गम; दुसाध्य।

कांति 1. सौंदर्य 2. दीप्ति; चमक।

सश्रम थका हुआ, श्रमित।

भ्रम 1. दुविधा 2. संदेह; संशय।

ऊर्जा 1. जीवन शक्ति 2. बल; जोश।

उर्वर उपजाऊ; अधिक उत्पादन-शक्तिवाली।

श्रम प्रयास।

मनोवेग मन का जोश।

धरित्री पृथ्वी; धरा; धरती।

अवनि धरती; धरणी; पृथ्वी।

अक्षि आँख; नेत्र।

विधि भाग्य।

वारण निवारण; छुटकारा।

पारण तृप्ति; संतोष।

पण प्रतिज्ञा।

खग आकाश में उड़ने वाले पक्षी।

इति आख़िरि; अंत (अंतिम)।

दुविधा 1. अनिश्चय की मन:स्थिति; मन की अस्थिरता 2. संदेह; आशंका।

स्तुति गुणगान; प्रशंसा।

अलौकिक 1. अद्भुत; अपूर्व 2. दिव्य; परलोक से संबंधित।

तिमिर अँधेरा; अंधकार।

खेद 1. उदासी 2. थकावट।

प्रतीति 1. यकीन 2. सम्मान।

श्रुतलेख किसी के द्वारा बोले गए शब्दों को शुद्ध वर्तनी में लिखते जाना।

आवेग जोश।

धरम धर्म।

कृतज्ञ जो उपकार या नेकी को मानता हो; आभारी।

निरस्त 1. जो रद्द या खारिज़ कर दिया गया हो 2. छोड़ा या त्यागा हुआ।

जस्त छलांग।

दामिनी आसमान में चमकने वाली बिजली।

नीरद बादल; मेघ।

धाराधर बादल; मेघ।

पखेरू पक्षी।

सुजान परमात्मा।

सूरज को

ऐ सूरज तूँ ही बता,
सदियों से तूँ जल रहा,
दिया परमेश्वर ने निर्देश जो,
निष्ठा से उसका पालन कर रहा।

    ज्वाला तेरी ज्वलित होती,
    जीवों में जीवन संजोती,
    भूले जो तूँ कर्म अपना,
    तो क्षण में प्रलय होती।

ऐसी भक्ति कैसे पायी,
दाह से देह दहन लगाई,
पावक से पावन है तूँ,
बता ये सिद्धि कैसे आई?

    तप मेरा भी वर्षों से है,
    पर मन अब आकुल सा है,
    भटकूँ ना पथ से अपने,
    ये आस मुझे भक्ति-रथ से है।

जिस यज्ञ किया यौवन अर्पित,
आहुति स्वरूप करूँ जीवन समर्पित,
पर यज्ञाग्नि का ताप तपाए,
ओ भानु बता भवेश को कैसे होऊँ अर्पित।

जैसे तूँ जलता मुझे जता,
अपनी भक्ति का रहस्य बता,
जो पा जाऊँ योग ये,
विद्या रूप में ॐ का पाऊँ पता।

शब्दार्थ

निष्ठा 1. भक्ति या श्रद्धा का भाव या मनोवृति 2. एकाग्रता; तत्परता 3. दृढ़ता।

दाह ताप; ज्वाला।

देह 1. शरीर; काया; तन 2. जीवन।

दहन आग; अग्नि।

पावक 1. आग; अग्नि 2. पवित्र।

पावन पवित्र;शुद्ध।

भानु सूर्य।

भवेश संसार का स्वामी या मालिक; महादेव।

अर्पित समर्पित।

गुरू की खोज

शास्त्रों ने है घोषित किया,
अध्यात्म का जिसने प्रण लिया,
प्रामाणिक गुरु के बिना,
नहीं किसी ने सिद्ध किया।

आत्म ज्ञानार्जन की आशा,
अध्यात्मिकता की अभिलाषा,
करने को पूण,
सम्पूर्ण गुरु की मुझे आशा।

ज्ञान पथ बुद्धि यों उलझती,
सुलझाए-सुलझाए ना सुलझती,
ऐसे में जो दिशा दिखाए,
उसकी खोज सुलझाए उलझती।

गुरु नाम का चोला पहने,
गद्दी में जड़ाए गहने,
बैठे स्वार्थी स्वांग रचाए,
लालच के इनके क्या कहने।

योग से जो योग कराए,
आत्म-सिद्धि की विधि बताए,
परमात्मा का दर्शन दिखा,
दिव्य दर्शन के दर्शन कराए।

अंत: की अनुभूति में सहायक,
स्वय: भी हो सिद्ध नायक,
अपने से उत्कृष्ट हो कैसे दृष्ट,
विद्या व विनती मेरी संधान सहायक।

गुरु शायद ना सकूँ पा,
गंतव्य तूँ ही गुरु बन जा,
इस पथिक को पथ दिखा,
तो अवश्य तुझे लूँगा पा।

प्रामाणिक 1. जिसकी सत्यता पर कोई संदेह न हो 2. विश्वसनीय।

उत्कृष्ट श्रेष्ठ; उन्नत।

संधान खोजने या पता लगाने का कार्य; अनुसंधान।

सटीक जीवन

उस वक़्त था सावन, अब है सूखा,
या ऐसा क्या,
जिसको हमने सोचा सावन वो था सूखा।

अब सावन तब सावन, अब सूखा तब सूखा,
जाने दो प्रिय,
जीवन-पथ हो रेशम या हो रूखा,
डगर पर हों फूल या फैले हों शूल,
वक़्त हो मीठा या मारे शर,
समय हो सुख का या सुखाए साँस,
कलेऊ को हो पकवान या पवन,
बख़्तर को मिले सौर या समीर,
आवास को मिले कोट या कुटीर,
किंतु अंतःमन में हो केवल दृप्त-दिव्य-दीप्त प्रेम,
जो मात्र शून्य का ही पीर।

सूक्ष्म-सुन्न-शून्य में हम में 'मैं' नहीं,
केवल 'तुम' सही,
जो 'तुम' कहो कर तो करूँ, नहीं तो नहीं।

हाँ, सटीक जीवन की यही सूझ ही सही,
हाँ, सटीक जीवन की यही सूझ ही सही।

शब्दार्थ

डगर रास्ता; मार्ग; राह।

शर बाण; तीर।

कलेऊ नाश्ता।

बख़्तर लोहे की मोटी जाली का बना हुआ कवच।

सौर ओढ़ना; चादर।

समीर वायु; हवा; पवन।

कोट 1. पक्का भवन 2. राजमहल।

कुटीर घास-फूस का बना छोटा घर; झोपड़ी।

दृप्त 1. प्रचंड 2. प्रज्वलित 3. तेजयुक्त।

दीप्त 1. प्रकाशयुक्त 2. धधकता हुआ।

हारते का हृदय

परिस्थिति परम पीड़ादाई हुई है,
श्वास सूख-सूख कर स्थाई हुई है,
अंगारे हैं आसमान से बरस रहे,
आर्द्र नमित नयन मंज़िल को तरस रहे,
कसक आत्मविश्वास को कस के कस रही,
ऐसा मंज़र और मन ने कही—

"किसने कहा तूँ कमज़ोर है,
तुझमें तो प्रचंड लहरों से अधिक ज़ोर है,
जिस पथ से कितने ही पथिक पटके गए,
उस प्रेम-पथ पर हम निडर डट के रहे,
और अब है जब तम तमकने को,
है सुहानी सहर का सूरज उत्सुक दमकने को,
हठात ही तेरा हठी हौसला हतभाग्य से हताश हो रहा,
हृदय खरतर शरों से हताहत हो रो रहा,
ओ वीर! आत्म बल को दिव्य बल से बलवंत कर,
कर ख़ुद को नमित न्यौछावर प्रिय के हृदय पर,
ख़ुद में भर दिव्य स्वर,
और चल तेजस्वी निरन्न निरंतर।"

शब्दार्थ

आर्द्र गीला; द्रवित।

नमित झुका हुआ।

कसक दुखद अनुभव के स्मरण से होने वाली पीड़ा; टीस।

कस 1. ज़ोर; बल 2. जकड़ *(कसना से)*।

यौवन परिचय

सुना जीवन में यौवन सावन रूप,
ज्यों शीत में मन-भावन धूप,
बहार इसकी मुरझाती कली खिला दे,
जड़ चेतना में जीवित कोपलें लगा दे।

कहते हर्ष से इसके होता रूप सुरूप,
बस अखियन धोखा है ये रूप कुरूप,
यौवन चपल मन चंचल करे,
नयन हो चंचल चंचलता मन भरे।

मेरा परिचय यौवन से,
होकर भी ना हुआ हो जैसे,
सिर चढ़ी थी दौड़-धूप कड़ी,
सूखी उसमें सावन की झड़ी।

परिचय मेरा परिचय खोजता रहा,
कारण जिसके यौवन परिचय ना हुआ,
नहीं अवसाद कि परिचय ना हुआ,
है विषाद कि होकर भी ना हुआ।

जीवन दर्शन को दर्शन की प्यास,
पाने की यथार्थ सत्य असीम आस,
विमल संकल्प वो तभी का अब भी है,
पर इसमें कहीं यौवन इच्छा दबी है।

यौवन चहरे पर लाली लगाए,
पर यहाँ लाल बिन लालिमा आए,
संकल्प बंधा अज्ञान हो विसर्जित,
ज्ञान दीप मन-मंदिर से हो उत्सर्जित।

उज्ज्वल हो सोच यही सोच रही,
अभिलाषा थी ज्ञान पाने की,
आशा में यौवन आस खो गई,
अब विचारूँ कहाँ वो गई।

यौवन में यौवन खो क्या पाया,
नहीं इसका अब तक हिसाब लगाया,
आज सोचा तो ये अर्थ आया,
खोने की उपमा में अमित है तुमने पाया।

शब्दार्थ

चेतना बुद्धि।

चपल 1. चंचल; चुलबुला 2. उतावला।

झड़ी लगातार होने वाली वर्षा।

अवसाद 1. विषाद; 2. खेद।

लाल प्रेमी।

विसर्जित 1. जिसका विसर्जन हुआ हो 2. त्यागा हुआ 3. जो समाप्त हो गया हो।

उत्सर्जित निकला हुआ।

अमित 1. अत्यधिक; बेहिसाब 2. कवि का नाम।

आज अचानक

आज अचानक चली पवन,
उड़ाए भावनाओं का भवन,
अंत: मन में हुई हलचल,
नयन-झील से बहा अश्रुजल।

है स्थिति विस्मित करती,
इच्छा बढ़ती पर आस मरती,
इस चोट की आवाज़ नहीं,
पर पीड़ा इसकी है बहुत कहीं।

सोच सोच पर सोच रही,
इस दशा का क्या कारण वही,
या भाग्य का सितारा,
है गर्दिश में कहीं न्यारा।

सीपियाँ मैंने चुनी नहीं,
मोती मुझे मिले नहीं,
गहरा हूँ गोता लगाए,
डर है साँस सूख ना जाए।

श्रद्धा श्रम के रत्न संजोए,
गीता अनुसार ही कर्म होए,
कर्म को ही माना फल,
जग समक्ष मैं विफल।

सोच सुन्दर सच्ची है,
शायद क़िस्मत ही कच्ची है,
वो तो अपने हाथ नहीं,
हाँ कर्म करूँगा जब तक साँस रही।

गर्दिश 1. दुर्भाग्य; संकट 2. भ्रमण।

श्रम मेहनत।

कल्पना जगत

ये है मेरा कल्पना जगत,
है यथार्थ ज्यों हो हक़ीक़त,
उड़ती है तेजस्वी सोच,
जहाँ चाहे निस्संकोच।

बुद्धी ब्रह्माण्ड उड़े बिन बंधन,
मनस मेहके ज्यों चंदन,
सुर सजे सुरीले ऐसे,
वादन वीणा-वादिनी का जैसे।

हृदय बसे बदरा जो,
बरसाएँ वीर-विभा को,
निष्कपट निश्छल है नीति,
सत्य नाद ही है रीति।

तृष्णा का है तोष,
न इसे माना है दोष,
प्यास में हवस नहीं,
मात्र मेंह का मोल ही तोष कही।

बिना पर उड़ पाता हूँ,
क्षण में अनंत हो आता हूँ,
दिव्य है जहाँ डाले हूँ डेरा,
ये है कल्पना जगत मेरा।

शब्दार्थ

विभा 1. आभा 2. प्रकाश; रोशनी।

नाद ध्वनि; आवाज़।

रीति नियम।

तृष्णा अप्राप्त को पाने की तीव्र इच्छा।

तोष संतोष; आनंद; प्रसन्नता; ख़ुशी।

मेंह वर्षा।

अब

अब मुझे ऐसे ही है रहना,
ना मैं माँगूँ ख़ुशियाँ,
ना मुझे ग़मों को है सहना।

    दिल की आस दिल में रह गई,
    जिसकी उम्र भर राह देखी,
    वो आते-आते ना जाने कहाँ रह गई।

कौन आया, कौन गया, कौन रह गया,
छोड़ इन बातों को अब,
इन्हें करने में कुछ नहीं रह गया।

    ख़ुशी की सोचें तो सोचें क्या?
    एक सोच ही की तो ख़ुशी थी,
    उस सोच ने हमें ख़ुश किया क्या?

दिल तो अब पत्थर है हुआ,
ना है हँसता ना है रोता,
चलो अच्छा हुआ जो भी हुआ।

मुझे मरे दिल के साथ जीना मंज़ूर,
धड़कते दिल ने ऐसा क्या किया,
जो उसे अपनी धड़कन पर इतना ग़ुरूर?

अब और क्या किससे कहूँ,
मैं ख़ुद ये ख़ुद से कहूँ,
कहना-सुनना दोनों मुझे – मैं क्या कहूँ?

नूर-नयनी

नयन नूर लिए आती,
पग-कमल से पग आभा बढ़ाती,
पैंजनिया से संगीत बजाती,
वो आती, नूर-नयनी आती।

मृदु श्वासें मंद हवा को भेद,
ज्यों मीन जल को छेद,
कर्णों में मेरे गुनगुनाती,
वो आती, नूर-नयनी आती।

मुख चाँद, केश निशा,
गो दीप दीपित करते दश-दिशा,
शरमाती बलखाती समीप मेरे आती,
वो आती, नूर-नयनी आती।

मंत्र-मुग्ध मूरत मैं ऐसी देख,
यथार्थ है या स्वप्न रहा हूँ देख,
उठ, नूर नयन लिए आती,
वो आती, नूर-नयनी आती।

कर कोमल का कोमल स्पर्श,

पेशानी पे पा हृदय विभोर विवश,

आँखों से अश्रुधारा बह गई,

वो आ गई, नूर-नयनी आ गई।

संसार रूप देख बुझी आशा,

सच्चे प्रेम की अभिलाषा,

दर्शन से उसके जीवन पा गई,

वो आ गई, नूर-नयनी आ गई।

शब्दार्थ

पैंजनिया पैर में पहनी जाने वाली छोटी घुँघरू वाली पायल।

मृदु 1. कोमल 2. मधुर; सुहावन 3. मंद।

गो नयन।

मंत्रमुग्ध 1. सम्मोहित 2.आसक्त।

पेशानी 1. माथा 2. भाग्य; किस्मत।

विभोर 1. मग्न; मस्त।

प्रेम किरण

वो पुष्प कली,
मधुबन से चली,
खोजे क्या गली-गली?
वो चली देखो वो चली।

ऐ कली सुन ज़रा,
क्यों है बेचैन इस तरह,
फीका पड़ता रंग हरा,
किसने बता ये हाल करा?

"सूर्य प्रकाश से आसक्त मैं,
बादलों की छाँव से परास्त मैं,
प्रेम किरण को खोज रही हूँ मैं,
इस कारण हर गली हर डगर से गुज़र रही हूँ मैं।"

पुष्प फूल; कुसुम।
आसक्त 1. अनुरक्त 2. मोहित।

पिता को गौरव

हृदय से भावों को चुन,
शब्दों की माला में बुन,
हूँ तुझे अर्पित करता,
तपसी तेरा तेरी कृपा को तरसता,
ओ वीणा-वादिनी इन शब्दों की वाणी सुन ले,
मेरी वाणी में अपनी वीणा का रंग अभंग भर दे।

मैं धँसा संसार दलदल,
तेरे चरण अम्बुज उत्पल,
कमल सरोज से हूँ साध लगाए,
दिव्य-शरण तुच्छ दिव्य हो जाए,
पर आज मानवीय विनती हूँ लाए,
सुन सरस्वती मेरे शब्दों का अभिप्राय।

मेरे उर के नयनों से,
पिता मेरे के नयनों में,
उस झलकती आशा को देख,
जो पुत्र को पुरुष बनते देख,
असीम है आस लगाए,
संतान मेरी अपना नाम कमाए।

जन्म से पिता ने प्रेम बदरा बरसाए,
राहों से शूल हटा फूल बिछाए,
बीते जन्मों का है पुण्य कमाया,
कि इस जीवन ऐसा पिता पाया,
प्रणय में जिसके परमा परम,
संवर्द्धन हमारा जिसका धरम।

जीवन में सब मिला श्रेष्ठ,
श्रेष्ठ भोजन, श्रेष्ठ शिक्षा, पिता सर्वश्रेष्ठ,
दिया पुत्र को जीवन शिष्ट,
निभाया पिता-धर्म विशिष्ट,
है समय अब आया वो,
जो पुत्र निभाए पुत्र-धर्म को।

ओ वीणा-वादिनी है तुझसे,
तेज मेरा मुझमें तुझी से,
इस ओज का ओज आज दुनिया को दिखा दे,
ओ प्रिय अब पिता को गौरव देने का मौका दे,
इस कविता की यही है विनती,
इन शब्दों की तुझसे प्रिय यही है बिनती।

शब्दार्थ

अभंग 1. पूर्ण 2. न टूटने वाला 3. लगातार।

अम्बुज जल से उत्पन्न।

उत्पल कमल।

सरोज कमल ।

साध अभिलाषा।

अभिप्राय 1. तात्पर्य; मतलब 2. उद्देश्य; प्रयोजन 3. इच्छा।

उर हृदय; मन; चित्त।

शूल 1. बाधा 2. भाला; त्रिशूल।

प्रणय प्रेम; प्यार; अनुराग।

परमा शोभा।

धरम धर्म।

संवर्द्धन पालनपोषण।

शिष्ट अच्छे आचरण या स्वभाव वाला; सुसंस्कृत।

विशिष्ट 1. विशेष 2. असाधारण; अद्भुत।

ओज 1. तेज 2. प्रकाश; उजाला।

सरस्वती

ओ सरस्वती तूँ ही मेरा जीवन संकल्प,
दिल में बहती सदा आज आँखों से रही झलक,
भारत भूमि को क्यों गई तूँ छोड़?
अपने आर्य पुत्रों से क्यों लिया मुख मोड़?

हज़ारों वत्सरों का विरह हुआ,
लौट आ माते अब बहुत हुआ,
अपनी भूमि, अपने आर्यों को आशीष दे,
गंगा जमुना में मिल संगम सम्पूर्ण कर दे।

नौ-सौ सालों ने भारत को लहू रुलाया,
मुग़लों ने, अंग्रेज़ों ने क्रूर क़हर ढाया,
अपनी काली स्याही हमारे इतिहास को लगाई,
अपनी कृतियाँ श्रेष्ठ और हमारी तुच्छ बताई।

विज्ञान से कहें पाषाण धरा में धँसे,
आर्य उद्भ्रम से हैं यहीं बसे,
अपनी मातृभूमि वास्ते जीए पूर्वज हमारे,
वही कर्म कर धर्म निभाएँ हम प्यारे।

जल वायु से है रंग भेद आया,

पर हर हिन्दू हृदय हिन्दुत्व समाया,

ओ सरस्वती वेद भूमि को फिर तर कर दे,

अपनी वीणा का संगीत भारत के कण-कण में भर दे।

वेद वसुधा पर पुन: बहे सरस्वती,

कर दे पुण्य हमारी पावन धरती,

तेरे आशीष से किया आर्यों ने जग में ज्ञान उत्पन्न,

अपने आर्यों, अपने भारत को फिर दे माँ आशीर्वचन।

विद्या अर्जन की विद्या सिखा दे माते,

अपना दर्शन दे शुद्ध हमें बना दे माते,

अपने आर्यों को अमर आशीष का दान दे,

दिव्य ज्योत से हमारी ज्ञान ज्योत जला शिष्ट कर दे।

पुन: बहेगी जब तूँ भारत भूमि पर,

हर जीव निर्जीव होगा भव्य नीर से तर,

तेरी दीक्षा से दस दिशा व्यापे विद्या विभा,

आर्यवर्त्त के कण-कण हर क्षण विद्या प्रभा।

शब्दार्थ

वत्सरों सालों; वर्षों।

विरह वियोग; जुदाई।

पाषाण पत्थर; शिला।

उद्गम उत्पत्ति; जन्म।

वसुधा पृथ्वी; धरती।

विभा दीप्ति; प्रकाश।

प्रभा दीप्ति; प्रकाश; आभा।

अथाह सागर

अथाह सागर है ये भावों का,
और इसमें डूब रहा हूँ मैं,
जीवन-मृत्यु का भेद मिट रहा,
और इसमें मिल मिट रहा हूँ मैं।

जैसे सुगंध समीर संग मिले,
वैसे इसमें मिल रहा हूँ मैं,
जैसे सरिता सागर संग मिले,
वैसे इसमें मिल रहा हूँ मैं।

अमित सन्नाटा है अनुगूँज रहा,
और इस सन्नाटे में सोचूँ मैं,
यूँ ही मेरा मलिन मिटता रहा,
तो मिट कर अमिट हो सकूँगा मैं।

शब्दार्थ

अथाह अत्यंत गहरा।

सरिता नदी।

अमित 1. अत्यधिक; बेहिसाब 2. कवि का नाम।

अनुगूँज 1. टकरा कर लौटने वाली ध्वनि 2. देर तक बरकरार रहने वाली ध्वनि।

मलिन 1. मलयुक्त; मैला; धूमिल 2. बुरा।

किससे कहें?

वही बात बार-बार हैं कहते,
एक नहीं हज़ार बार हैं कहते,
चाहे हम रहे उम्र भर कहते,
बिन सुनवाई के हम रहे कहते।

मैं कहता हूँ, "किससे कहें?"
जिसे कहना है उससे कहूँ, "किससे कहें?"
पूछता नहीं कहता हूँ, "किससे कहें?"
प्रश्न तो रहा नहीं फिर भी, "किससे कहें?"

कैसा जीवन का रंग देखा,
प्यार में बस दुःख ही देखा,
जहाँ दिल लगाया, दिल को रोते देखा,
किससे कहूँ मैंने ये सब देखा।

माना जीवन में सब आया-गया,
जो जीवन आज है देख कल गया,
पर एक प्यार है इतना गहरा गया,
वो तो जीवन के परे आत्मा को छू गया।

तूँ ही बता मेरे प्यार अब क्या कहें,

जो कल कहा था वही आज कहें,

कल भी तुझसे कहा, आज भी तुझसे कहें,

तूँ ही बता कहें तो किससे कहें।

आक्रोश

आक्रोश है आवाज़ में,
फैला जो साँस साज़ में,
नहीं अकारण या अमूल,
वेदना बना नियाज़ में।

निरुत्साह का नीरद छाया,
निर्दयी ले कुरूप काया,
कर निराला निराश जिसने,
नियत को निरुद्यमी बनाया।

वर्षों की है जो वंदना,
संकल्प संग वो बंधना,
क्यों निरुत्तर प्रश्न बना है,
आक्रोश मुझे है छंदना।

साँझ सवेरी रात दुपहर,
सोते जागते सभी पहर,
वो ही रंग वो ही उमंग,
तेरी प्राप्ती की लौ लहर।

जीवन में बस ये कमाया,
तप में तेरे मन लगाया,
यौवन मैंने प्रिय शारदे,
तेरे चरणों में बिताया।

सरस्वती प्रभा बन के आ,
या दामिनी बन गिर जा,
सुन विनीत विनय ये मेरा,
अब और सहन नहीं होता।

वक्त ने जो आक्रोश भरा,
ना होने पाए और हरा,
अपने आशीष से माते,
मन मस्तिष्क को तुष्ट करा।

तुझी से तुझे हूँ माँगता,
हर बंधन हूँ आज लाँघता,
वंदनीय वीणा-वादिनी,
मृत्यु या मिलाप हूँ माँगता।

शब्दार्थ

नियाज़ 1. प्रार्थना 2. इच्छा 3. परिचय।

नीरद मेघ; बादल।

नियत नियुक्त।

निरुद्यमी 1. आलसी 2. प्रयासहीन।

लौ 1. लगन 2. ज्वाला 3. आशा।

प्रभा दीप्ति; प्रकाश; आभा।

तुष्ट 1. संतुष्ट 2. प्रसन्न; ख़ुश।

कलियुग

शायद वक्त के विरुद्ध हूँ,
विकल, व्याकुल, क्षुब्ध हूँ,
तेरी आस ही आसरा,
तेरे प्रेम में लिप्त लुब्ध हूँ।

क्या समय का चक्र है,
हो रहा नर वक्र है,
कलियुग की कालक काली,
काले कर्मों का फ़क्र है।

मानव इतना ललचाया है,
सुरक्षित हो घबराया है,
समय संग सुविधा आई,
सुविधा संग दुःख भी पाया है।

भावों को उड़ा बिजली से,
प्रेम गवा अंजली से,
आस लगाए बैठे हैं,
आए परमेश्वर टी.वी. से।

मानव कृतियाँ लुभाएँ हमें,
पर कर्ता ना सूझ पाए हमें,
भटके मानव को ओ ॐ,
क्यों ना मार्ग दिखाए हमें।

सुख की परिभाषा सुझा दे,
संतोष से भेंट करा दे,
माया ने जो छीन लिया,
वो प्रेम परमेश्वर फिर लौटा दे।

देख संसार मैं पूछूँ कुछ,
है बात बड़ी और मैं तुच्छ,
फिर भी साहस हूँ करता,
तेरी कृपा से पूछने का तुझे कुछ।

बता मुझे आज अभी,
ओ ओंकार जो कभी,
तेरे अस्तित्व को ना समझते,
पापी हैं क्यों समपन्न सभी?

कहीं निर्दोष दोषी कहलाया,
कहीं पुण्य कर पाप पाया,
क्या कर्मों का लेखा जो,
ना किसी ने देखा ना बताया।

गत जन्म देखे नहीं,
न्याय का मूल याद नहीं,
दुनिया को देख सोचूँ,
सभी भले क्यों सुखी नहीं?

जिसने दूजे का छीन खाया,
उसने भी सम्मान पाया,
क्या कर रहा है ईश्वर तूँ,
मत कहना तुझे पूछे बिना कलियुग आया।

शब्दार्थ

विकल 1. असमर्थ 2. अपूर्ण; खंडित।

क्षुब्ध 1. क्रुद्ध 2. चिंतित 3. भयभीत।

लुब्ध मोहित।

वक्र कुटिल; धूर्त।

अंजलि दोनों हथेलियों को ऊपर की ओर जोड़कर बनने वाला गड्ढा।

कृति 1. किया हुआ कार्य 2. रचना।

चल वहाँ चलें

कोई बात ऐसी करें,
कि दिल के तार हिलें,
गहराई में हम डूब जाएँ,
और डूब उस पार मिलें।

फिर हम कहें तुमसे,
जो ना कहा किसी से,
मन बस बेचैन रहता है,
ना जाने क्या आस है इसे किस से।

तुम भी अपना हाल बताना,
कुछ दुख-सुख सुनाना,
कैसा है जीवन तुम्हारा,
अपने मन की बात जताना।

धरा पर कहाँ ऐसा स्थल,
जहाँ सब कपट विफल,
मिले जहाँ मन को चैन,
जो लगे स्वर्ग सा हर पल।

कविता का कवि

यह है कविता, परंतु कहाँ है इसका 'कवि' नामक रचयिता?
क्या वहाँ बैठे हैं महोदय
जहाँ पड़ रही हैं धूमिल प्रकाश की किरणें चार?

कवि वो नहीं जो बैठा है कलम उठाए हुए,
कवि वो नहीं जो दुःखी पड़ा है अश्रु बहाए हुए,
कवि वो नहीं जो मुसकुरा रहा है हास्य-गीत गुनगुनाए हुए,
कवि वो नहीं जो देख रहा है आसमान को टक लगाए हुए।

तो फिर कैसे है बनती कविता?
कहाँ है इस कविता का रचयिता?

आस-पास जो हों हालात, वो तो है कविता का विचार,
फिर चाहे वो हो निजी-परेशानी,
हास्य, व्यंग, या सामाजिक भ्रष्टाचार।

मस्तिष्क जो हो सचेत, करता है इन विचारों पर चिंतन,
फिर इन परिस्थितियों पर उठे विचारों का जन्म होता सम्पन्न।

फिर अब तक बैठा शांत मन

करने को अपना कुशल कार्य होता अग्रसर,

तो अच्छी शब्दावली, गहरे व सच्चे भावों से

सुसज्जित कर रखता है शब्दों में पिरो कर पन्ने पर,

तब जाकर होती है तैयार कविता सबके योगदान से,

जो हैं पढ़ते आप सभी जन सम्मान से।

परंतु कविता का कवि कौन?
कहाँ बैठा है वो बनकर मौन?

कवि तो छुपा बैठा है इन जीवित शब्दों के बीच कहीं,

कविता पढ़ते समय ना भूलना पढ़ना इस कवि को भी।

शब्दार्थ

अग्रसर विकासशील; उत्थानशील।

प्यारी नानी

नानी हमारी सब जन प्यारी,
झुरियों में जिसकी आभा न्यारी,
कर्मों के जिसने क़िस्मत सवारी,
सब की प्यारी नानी हमारी।

था समय जैसा भी,
रहा उसका स्नेह वैसा ही,
कोमल, निश्छल, मम्तापूर्ण,
स्वस्ति से जिसके हम सम्पूर्ण।

गत जन्मों में असीम चढ़ाया,
जो इस जन्म ये भाग्य पाया,
सर पाया प्यारी नानी का साया,
दुलार के जिसने हर दुःख भुलाया।

अपने कोमल हाथों से,
आशीष दिया पेशानी पे,
तंदूरी रोटी, देसी घी की चूरी,
लुटाया लाड, दी नैतिक शिक्षा ज़रूरी।

धर्म का पाठ माँ व उससे पाया,
सत्व का सारांश समझाया,
नीति अनीति का बोध कराया,
विद्या अर्जन योग्य बनाया।

विमल सादगी की वो मूरत,
भारतीय स्त्रीत्व की सविनय सूरत,
सेवा स्नेह भाव उसमें उत्कृष्ट,
रखती योग में रुचि विशिष्ट।

अक्सर ये बात हो जाती है,
उसकी बातें सुन आँख भर आती है,
प्रणय-पूर्ण आशीर्वचन बताती है,
प्यारी नानी परदेस में याद बहुत आती है।

शब्दार्थ

सविनय विनययुक्त; दीनता से पूर्ण।

प्रणय प्रेम; प्यार; अनुराग।

ग़ज़ल

हाले दिल

हाले दिल हम बयाँ करें किससे,
ख़ुद से रूठे हैं तो लड़ें किससे।

कितने सवाल हैं मेरे ज़िंदगी से,
पर हर क्यों का क्यों पूछें किससे।

ख़यालों में सोचता रहता हूँ,
सोचों में सोचना सीखें किससे।

जिन यादों ने सब भुला दिया,
उन यादों की याद लाएँ किससे।

सिर्फ़ उसी से ही बात करते थे,
वो ना मिले तो क्या कहें किससे।

जो अपने दिल में ही बसती हो,
उस दिलनशीं का पता माँगें किससे।

उसे मिलने की चाह ने तनहा किया,
अब ख़ुद से बिछड़ कर मिलें किससे।

दिलनशीं जो दिल में बैठ गया हो; हृदयस्थ।

लगता है मुझे

ऐसा क्यों लगता है मुझे,
लियाक़त का ना मिला है मुझे।

    क्या कहूँ ज़िंदगी मैं तुझे,
    कहने को कुछ नहीं ये ग़िला है मुझे।

दिल से करने का सिला है मुझे,
दर्दे दिल इससे मिला है मुझे।

    इतनी तदबीरें टूटी हैं तोबा,
    तक़दीर से अपनी शिक़वा है मुझे।

मत पकड़ ज़िन्दगी ऐसे मुझे,
तुझे छोड़ने का मन करता है मुझे।

    मरना है आसान पर मुझे,
    मिलेगा सुकूँ यूँ नहीं लगता है मुझे।

बड़े हौसले थे पर अभी,
क्या करने का हौसला है मुझे।

मायूसी से बुझा है मन मेरा,
रो-रो कर कह रहा है मुझे।

कुछ तो सितम हैं दुनिया के,
और कुछ ख़ुद से ग़िला है मुझे।

भरी आँखों से साफ़ दिखता नहीं,
नूरे नज़र की तमन्ना है मुझे।

नई सुबह की राह में,
कितनी सुबहाएँ रात लगीं हैं मुझे।

उस एक चाँदनी की चाह में,
कितनी चाँदनियाँ अमावस लगी हैं मुझे।

मंज़िल है पर रस्ते नहीं,
ये रस्ते ख़ुद बनाने हैं मुझे।

रफ़ता-रफ़ता जो ढल गई,
अपने चहरे की चमक याद है मुझे।

ताउम्र तनहा रहा हूँ तभी,
ख़ुद से बोलने की आदत है मुझे।

लगता है लगने दे पर बता,
ऐसा क्यों लगता है मुझे?

शब्दार्थ

लियाक़त लायक या योग्य होने की अवस्था; योग्यता; पात्रता।

तदबीर प्रयास।

रफ़ता-रफ़ता धीरे-धीरे।

ऐ दिल

ऐ दिल तूँ ही बता तुझे कहाँ ले चलूँ,
जहाँ कहेगा तूँ चल वहीं चल चलूँ।

मान ज़ख्में तन्हाई से घायल है तूँ,
कौनसा मलहम है बता जो तुझे करूँ।

जंगे ज़िन्दगी में अभी तो जवान है तूँ,
अब थका तो आगे कैसे लड़ेगा तूँ।

तनहा था तनहा है और तनहा रहेगा तूँ,
किन शब्दों में कहूँ जो समझेगा तूँ।

माना मुहब्बते गुल से अंजान है तूँ,
पर मैं तो हूँ जो तुझे इतना प्यार करूँ।

अपनी हालत पर कभी भर आता है तूँ,
जो मैं पूछूँ तो कहता है मैं क्या जानूँ।

ये दर्द-ए-ज़िन्दगी तो ज़िन्दगी है तेरी,
तूँ ही बता इसका इलाज कैसे करूँ।

औरों को छोड़ अपने लिए तो बोल,
यूँ बुझा रहा तो मैं कुछ कैसे करूँ।

अब तो मान जा ये देखकर तूँ,
कब से तेरी ख़ुशामद मैं कर रहा हूँ।

तेरी आँखों में

है तो अंधेरी रात मगर ये भी,
तेरी आँखों में सहर सी लगती है।

वो आरज़ू तो कब की बुझ गई पर,
तेरी नज़रों में देख फिर आस जगती है।

थक टूटे हैं तेरी राहों पे चलते-चलते,
अब तो ये राह भी मंज़िल सी लगती है।

यूँ तो राहे इश्क़ है मुश्किल मगर,
कभी-कभी यहाँ ज़िंदगी जन्नत लगती है।

मेरी आँखों में देख कर बता मेरी जाँ,
क्या मेरी नज़रों से तेरी नज़र झलकती है।

क्या रखा है

कितनी आहों को दिल में दबा रखा है,
मत पूछ कितना दर्द इसमें छुपा रखा है।

जवानी सारी सोचों में ही गुज़ार दी,
उन्हीं सोचों की सोच ने तड़पा रखा है।

सब कुछ जल गया वक़्त की आग में,
बस तेरा प्यार जले हाथों में खिला रखा है।

अब तूँ ही बता, क्या कहें, क्या नहीं,
इन बातों को कहने में भी क्या रखा है।

जो करने लगे बयाने दर्द हम,
मत कहना आहों का समंदर बहा रखा है।

आस

सपने बस आँखों में ही तड़पते रह गए,
हम देखते रहे और वो आते-आते रह गए।

इंतज़ार में ही बस कट गई जवानी सारी,
इश्क़ में हम आशिक को देखने से रह गए।

जैसे मुझे है चाह तुझे भी होगी तो,
फिर बता हम मिलने से क्यों रह गए।

इन मायूस आँखों में अब भी अरमाँ बाकी हैं,
मौत भी कैसे आए जो तुम आने से रह गए।

ज़िंदगी ने ज़ख़्म ही ऐसे दिए कि,
सारी ज़िंदगी ज़ख़्मों को सहलाते रह गए।

प्यार में जलकर ख़ाक़ हुई जवानी सारी,
सुलगती आँखों से हम तुझे बुलाते रह गए।

ज़िन्दगी

ऐ ज़िन्दगी तूने भी ये क्या सिला दिया,
मुझसे मोती छीन सीपियों से ख़ुश करा दिया।

मोती गवाए मेरी मुसकान पर ना जा,
ये तो तेरी ख़ुशी के लिए लबों को हिला दिया।

मुझसा पागल भी भला कोई होगा क्या,
क्या कहूँ बस बेबसी ने ये पागलपन करा दिया।

चलते-गुज़रते महोब्बत की राह में,
कभी राह ने तो कभी क़दमों ने गिरा दिया।

अपने आप से अब पूछें तो पूछें क्या,
जब सवाल ही ना रहा तो जवाब क्या दिया।

ज़िन्दगी भर एक ही चाहत को चाहा,
पर उस एक चाह को भी तूने पूरा ना होने दिया।

पहले जिए जोश में, फिर हुए मायूस, और अब हैं उकताए,
क्यों री ज़िन्दगी तूने मुझे ये कैसा रंग दिया।

ज़िन्दगी तेरे हमने कितने नख़रे उठाए,
महोब्बत ने भी मुझसे क्या-क्या करवा दिया।

जब थी प्यास तो किसी ने पानी ना दिया,
अब प्यासे नहीं तो शरबत से भी क्या रिझा लिया।

तुझसे एक ही तो सुख माँगा था मैंने,
उस एक राहते जाँ को भी तूने ना दिया।

अपनी ख़ुशी से हूँ दुखी, ये ना पूछ क्यों हूँ दुखी,
तुझे जीने के लिए मैंने दुख को सुख बना दिया।

जिस हिज्र के ख़्याल से ही काँप उठते थे हम,
उसी हिज्र को तूने मेरी साँसो से पिरो दिया।

देखते-देखते मुझे तो हो चला है यक़ीं,
ज़िन्दगी तूने मुझे मेरा हक-ए-उलफ़त ना दिया।

मैं तो डूबा सो डूबा दरया-ए-ग़म में,
पर तूने भी तो देख डूबते को सहारा ना दिया।

उस प्यार की याद मुझे सारी उम्र रुलाएगी,
ज़िन्दगी तूने मेरा जीवन अश्कों से भर दिया।

जो प्यार ना मिला तो तेरा मैं करूँगा क्या,
फिर ना कहना कि मैंने तुझे यूँ ही छोड़ दिया।

जिस प्यार के लिए मर-मर कर जीना क़ुबूल किया,
उस प्यार को छीन ज़िन्दगी तूँने मुझे जीते-जी मार दिया।

जाना है तो जा, जब मन आये तब जा,
देख ज़िन्दगी मैंने तुझे कैसे है आज़ाद किया।

अब क्या फ़र्क़ ज़िंदगी तूँ रहे ना रहे,
मेरी महोब्बत ने तो है जन्मों को पार किया।

है कि नहीं

मेरी आहों में तेरे आँसुओं की नमी है कि नहीं?
बता मेरी ज़िन्दगी में तेरी कमी है कि नहीं?

इस प्यार में हम धीरे-धीरे टूटते ही गए,
बता टूटते-टूटते हम पूरे टूटे हैं कि नहीं?

मेरी महोब्बत के फूलों से लगे काँटे हैं इतने,
बता इन फूलों को सहलाते मेरे हाथ कटे हैं कि नहीं?

बादे इक़रारे प्यार हर साँस में तुझे याद किया,
बता ये मेरे सजदा-ए-मुहब्बत का सुबूत है कि नहीं?

अपने टूटे दिल का हाल किससे कहूँ?
इसे समझने वाला तेरे सिवा कोई और है कि नहीं?

क्या कुछ किया

तमाम उम्र इंतज़ार तेरा हमने किया,
कहती है दुनिया हमने कुछ नहीं किया।

इंतज़ार ऐसा वो कर दिखाएँ तो,
कहूँगा मैं उन्होंने भी कुछ किया।

जहाँ दिनों में सब्र टूट जाए,
वहाँ बरसों हमने ख़ुद को रोक लिया।

ख़ुद में मसरूफ़ थे तो ऐसा भी क्या,
कि जिस किसी ने जब चाहा टोक दिया।

तेरी चाह में हर चाह को दबा दिया,
चाहा जो तुझे बेइंतिहा तो क्या गुनाह किया?

कोई फूल मेरी फुलवारी का नहीं खिला,
ऐसा नहीं कि मैंने पौधों को पानी ना दिया।

बेचैनी है बेक़रार हो मुझ पर छाई,
यही है हाल जब से जाम-ए-महोब्बत पिया।

ख़ुशी गिले जो हुए तुझसे किए,
तूँ ने ही तो हर क़दम मेरा साथ है दिया।

बेआवाज़ जो अश्क गिरे आँखों से,
उन्हें भी मुस्कुराते हथेली पे रोक लिया।

बह गया हूँ सवालों के सागर में,
जो वक़्त ने है मुझ पर उढ़ेल दिया।

अब अगर जो कोई पूछे मुझसे तो,
तूँ कहना मैंने ज़िन्दगी में है क्या किया।

सुर में नहीं

जो हम गाए तो सुर में नहीं,
कह दें यूँ ही तो सुनना मंज़ूर नहीं।

किस तरह करें इज़हारे दर्द,
कोई सलीका हमें मक़्दूर नहीं।

गुम-सुम हो आज लिख रहा हूँ,
पर कलम में लफ़्ज़ों का वुफ़ूर नहीं।

कैसे ओढ़ूँ उस चादर को,
उसमें लगे हैं काँटे समूर नहीं।

जश्नों में जाने को सब बेसब्र,
यहाँ दर्द सुनने का दस्तूर नहीं।

वो सब कहूँ तो किससे कहूँ,
शायद कोई मुझसा रंजूर नहीं।

कुछ नहीं छलकते हुए जाम,
आँसुओं की मीना सा सुरूर नहीं।

ना सुर, ना साज़, ना आवाज़,

ना अल्फ़ाज़, कुछ अपना उबूर नहीं।

बेबसी ने है बे-हिस किया,

शायद पागल होना भी दूर नहीं।

शब्दार्थ

सलीका कार्य संपादन का स्वाभाविक ढंग या तरीका।

मक़्दूर सामर्थ्य।

वुफ़ूर उबाल; जोश; जज़्बा।

समूर हिरण का चर्म।

दस्तूर परंपरा; रिवाज।

रंजूर दुखित; ग़मगीन।

मीना शराब।

सुरूर 1. नशा 2. ख़ुशी; आनंद।

उबूर बोध; किसी विषय की सम्पूर्ण जानकारी; निपुणता।

बे-हिस चेतनाशून्य; ग़ाफ़िल; सुन; जिसे एहसास न हो।

ज़ख़्म-ए-वक़्त

वक़्त कुछ ज़ख़्म ऐसे दे जाता है,
दिल का कोई कोना बुझ जाता है।

जिनसे बेइंतेहा प्यार हैं करते,
दर्द क्यों भला उन्हीं से आता है?

ग़ैरियते इश्क़ से ग़ाफ़िल तो ना थे,
बिखर कर अब ख़ुद पर तरस आता है।

जिसके लिए दिल से दुआएँ माँगी,
वही दिल अब दर्द उसी से पाता है।

आशिक़ी का ख़ुमार जो इश्क़ लाए,
इश्क़ गया तो कहाँ चला जाता है।

तसव्वुर कभी दिल में जाए तो,
बुझे कोने का सुकूत सुनाता है।

क्या करोगे इन लफ़्ज़ों को टटोल,
आहों के सिवा क्या हाथ आता है।

जो पागल की तरह प्यार करे,
वो आख़िर पागलपन ही पाता है।

इश्क़ है सच्चा ख़ुद से या ख़ुदा से,
बाकी सब तो बस आता-जाता है।

शब्दार्थ

ग़ाफ़िल बेख़बर।

ख़ुमार मदहोश।

तसव्वुर विचार; ख़याल; ध्यान।

सुकूत सन्नाटा; ख़ामोशी; मौन; चुप्पी।

दुःखता है बहुत

कैसे कहूँ जी दुःखता है बहुत,
दम मेरा अब घुटता है बहुत।

नीर हैं पर मैं कमज़ोर नहीं,
वजह वक़्त ने सताया है बहुत।

अपनी आँखों में देख होता यक़ीन,
तुझसे मेरी मुहब्बत है बहुत।

इतने साल तनहा जला,
तुझसे प्यार निभाया है बहुत।

तेरे होते तेरे इंतज़ार ने,
करीबी को अपनी बढ़ाया है बहुत।

इतनी सारी सुनसान रातों में,
रात को हमने जगाया है बहुत।

सोचते-सोचते साल गुज़ारे,
सोचों में तुझे सजाया है बहुत।

बेचैनी में कुछ होता नहीं,
वैसे कुछ करने की तमन्ना है बहुत।

सफ़र-ए-मंज़िल-ए-इश्क़,
थोड़ा-थोड़ा कर के खिंचा है बहुत।

तूँ ही बता ओ मेरे प्यार,
तक़दीर ने क्यों तड़पाया है बहुत।

हँसने की चाह मुझे भी है,
पर इस चाह ने रुलाया है बहुत।

देखें मेरी हिम्मत और ताक़त तेरी,
ख़त्म हो चलीं या अभी हैं बहुत।

डर है कहीं गिर ना जाऊँ,
हाथ दे तुझसे आस है बहुत।

मुझे पता अब ज़माने को बता,
राहे इश्क़ में मैंने पाया है बहुत।

ऐसा क्यों

ख़्वाब देखने के भी दाम दिए हैं,
जब वो टूटे तो इलज़ाम लिए हैं।

क्यों निकली मुहब्बत बेमुरव्वत,
क्यों तूँ ने मुझसे इंतक़ाम लिए हैं।

हैं ख़ताएँ मेरी पर इतनी नहीं,
जितने तूँ ने ज़ुल्म किए हैं।

पहली थी मुहब्बत और शायद आख़री,
तभी आरज़ू ने बड़े ज़ख्म दिए हैं।

ना पूछ चाहत में चाह से,
कितने अश्क बिन प्यास पीए हैं।

तेरे आने, होने, और जाने ने,
मेरे दिल को बड़े दर्द दिए हैं।

इस इश्क़ से मिले ग़म,
बन कसक मेरी आवाज़ में जीए हैं।

कितने अरमाँ थे तुझसे ऐ इश्क़,
पर तूँ ने सब तोड़ दिए हैं।

बिख़रे अरमाँ नहीं सिमटते,
नहीं जुड़ते चाहे लाख सीए हैं।

नाज़ है अपने अंदाज़े मुहब्बत पर,
तड़पते हुए भी हँस कर जीए हैं।

लगेगी उम्र भुलाने में,
यादे यार ने भी सितम किए हैं।

बुझ गया है दिल मेरा पर आज भी,
इसमें प्यार के जलते दिए हैं।

जिसे आँखों में बसाया उसी ने,
आँखों में आँसू भर दिए हैं।

बता ऐ ख़ुदा ऐसा क्यों,
मैंने इख़लास कर हिरास लिए हैं।

शब्दार्थ

बेमुरव्वत 1. जिसे शर्म या लज्जा न हो 2. सहानुभूतिहीन 3. अवसरवादी।

ख़ता भूल; ग़लती।

इख़लास 1. सच्चा और निष्कपट प्रेम 2. सरलता; निश्छलता।

हिरास 1. निराश 2. आशंका।

नहीं जीने की तमन्ना

नहीं जीने की तमन्ना मुझे है ऐसे,
तड़पाने को मुझे ज़िन्दगी तड़पती है कैसे।

छोड़ा तुझे तो क्या मरेंगे ही ना,
जी कर तुझे रोज़ मर रहे हैं वैसे।

कितनी बार पूछेगी ग़म का सबब,
बता-बता कर अब भूल गए हैं जैसे।

आधी उम्र इंतज़ार में बिता दी,
उस पर हमें कैसा नाज़ है वैसे।

क्या है क्या नहीं कोई फ़र्क़ नहीं,
जो दिल ख़ुश नहीं तो कुछ नहीं है वैसे।

यारा

इश्क़ का दरिया चढ़ते चढ़ता है,
इस दरिया में जो डूबा सो ही पार उतरता है।

तेरी आँखों में झलकता प्यार देख,
नज़रों से दिल में उतरने को जी करता है।

तूँ मुस्कुराए तो फ़ज़ा खिल जाए,
ऐसे वक़्त, वक़्त रुक जाए जी करता है।

वो पलकों को गिराकर उठाना तेरा,
पल में निशा कर नूर करता है।

अपनी बाहों में देख निखरता तुझे,
चाहत पर अपनी यक़ीं बढ़ता है।

आ पाक प्यार करें यारा,
तूँ राज़ी हो तो 'राज' कब ना करता है।

इश्क़

इस इश्क़ में हमें तो रोना ही होगा,
ये तो कुछ नहीं दर्द देख आगे क्या होगा।

इश्क़ ये होता ख़ुद से तो था मज़ा,
जिस ग़ैर से है इश्क़ लगा वो शायद अपना ना होगा।

मुहब्बते गुल में काँटे हैं इतने,
इन काँटों से कट कर लहू-लुहान होना होगा।

यूँ तो आरज़ू-ए-आशिक़ी मुतमइन ना होगी,
वो दिलबर भी हो मुझ सा पागल तो कुछ होगा।

उल्फ़त में उल्फ़त मिले ना मिले,
आशिक़ को इश्क़ में मरना ही होगा।

हदों से बढ़कर हो इश्क़ मेरा सोचा था,
हदें तो ख़ूब लाँघी इश्क़ का ना जाने क्या होगा।

खो जाता हूँ इन ख़्यालों में,
ख़्वाबे इश्क़ टूटा अपना तो क्या होगा।

शब्दार्थ

गुल पुष्प; फूल।

आरज़ू चाहत; इच्छा।

मुतमइन संतुष्ट।

दिलबर प्रेम-पात्र; माशूक़।

उल्फ़त प्रेम; प्यार; इशक़।

क़दर

हमारे आँसुओं की उन्हें क़दर ही नहीं,
बरबाद हो चुके हम उन्हें ख़बर ही नहीं।

उनके अश्कों का दरिया हथेली पर सम्भाला हमने,
हमारे दो आँसू सम्भालने का उन्हें सब्र ही नहीं।

माँगी थी दुआ प्यार की बरसात की,
बरसाएँ जो मुहब्बत शायद ऐसे अब्र ही नहीं।

कहाँ ले जाऊँ मज़ार-ए-इश्क़ को अपने,
दफ़नाने को इसे शायद कोई क़ब्र ही नहीं।

शब्दार्थ

सब्र 1. संतोष; धीरज; धैर्य 2. सहनशीलता।

अब्र बादल; मेघ; घटा।

मज़ार कब्र।

क़ब्र वह गड्ढा जो शव को गाड़ने के लिए खोदा जाता है।

रो-रो कर

रो-रो कर दुआएँ करता है,
मरीज़ तेरा तुझी पर मरता है।

ज़िन्दगी में है अकेला,
वो तेरे साथ को तरसता है।

तुझे भी है प्यार है यक़ीं,
पर दिल है कि नहीं भरता है।

आईने में अपनी आँखें देख,
अश्कों में उन्हें डुबोया करता है।

नाज़ुक मिज़ाज है बहुत,
ख़्याले हिज्राँ से भी लरज़ता है।

ख़ामोश है बेबसी से,
ऐसा नहीं कि वो किसी से डरता है।

शायद हर क़दम हारा है वो,
पर तुझे जीतने की कोशिश करता है।

थक गया है चलते-चलते,
तुझसे अब अजूबे की आरज़ू करता है।

दिलो जाँ से तुझ पर मर मिटें,
ऐसे जीने को जी करता है।

शब्दार्थ

जी चित्त; मन; दिल; हृदय।

लरज़ना 1. काँपना; थरथराना 2. भय से दहल जाना।

हिज्र विरह; वियोग; जुदाई।

पत्थर

कितनी यादें हैं जुड़ी पत्थरों से भी,
ज़माने गुज़रे पर याद आती है वो अब भी।

याद है पत्थरों से या उस पत्थर की,
दिल पे लगा वो पत्थर है पड़ा अब भी।

जिस पत्थर से खाई थी ठोकर कभी,
उसकी यादें क्यों रुला देती हैं अब भी।

मासूमियत में मिली ठोकर ऐसी थी,
ज़माने गुज़रे पर घाव है ताज़ा अब भी।

पत्थर सड़कों के शुक्र के हक़दार हैं,
बिछाए कभी पैरों तले चलाएँ हमें अब भी।

कुछ इंसान पत्थरों से भी पत्थर हैं,
जो कल भी थे पत्थर और हैं पत्थर अब भी।

ख़ुद को बरबाद कर देखते हैं

ख़ुद को यूँ बरबाद कर देखते हैं,
चलो भूले हुओं को याद कर देखते हैं।

हँसते-हँसते ही सही पर आज,
दर्द को दिल से ज़रा निकाल कर देखते हैं।

दर्दे दिल को दिल से बाहर निकाल,
उठा सीने संग लगा कर देखते हैं।

कोफ़्त काफ़ी होगी दर्दे दिल सहने में,
बरदाश्त की हदों को हिला कर देखते हैं।

भिगाएँगी आँखें भर अश्कों से,
आँसुओं को दस्त पर नचा कर देखते हैं।

सूखें बूंदें नाचते-नाचते जो,
और अब्रे अब्सार बरसा कर देखते हैं।

जो ख़त्म हों नीर बहते-बहते तो,
ख़ुश्क आँखों से लहू बहा कर देखते हैं।

शब्दार्थ
कोफ़्त परेशानी।
अब्र बादल; मेघ।
अब्सार आँखें; निगाहें।

ऐसा क्यों

ख़्वाब देखने के भी दाम दिए हैं,
जब वो टूटे तो इलज़ाम लिए हैं।

क्यों निकली मुहब्बत बेमुरव्वत,
क्यों तूँ ने मुझसे इंतक़ाम लिए हैं।

हैं ख़ताएँ मेरी पर इतनी नहीं,
जितने तूँ ने जुल्म किए हैं।

पहली थी मुहब्बत और शायद आख़री,
तभी आरज़ू ने बड़े ज़ख्म दिए हैं।

ना पूछ चाहत में चाह से,
कितने अश्क बिन प्यास पीए हैं।

तेरे आने, होने, और जाने ने,
मेरे दिल को बड़े दर्द दिए हैं।

इस इश्क़ से मिले ग़म,
बन कसक मेरी आवाज़ में जीए हैं।

कितने अरमाँ थे तुझसे ऐ इश्क़,
पर तूँ ने सब तोड़ दिए हैं।

बिखरे अरमाँ नहीं सिमटते,
नहीं जुड़ते चाहे लाख सीए हैं।

नाज़ है अपने अंदाज़े मुहब्बत पर,
तड़पते हुए भी हँस कर जीए हैं।

लगेगी उम्र भुलाने में,
यादे यार ने भी सितम किए हैं।

बुझ गया है दिल मेरा पर आज भी,
इसमें प्यार के जलते दिए हैं।

जिसे आँखों में बसाया उसी ने,
आँखों में आँसू भर दिए हैं।

बता ऐ ख़ुदा ऐसा क्यों,
मैंने इख़लास कर हिरास लिए हैं।

शब्दार्थ

बेमुरव्वत 1. जिसे शर्म या लज्जा न हो 2. सहानुभूतिहीन 3. अवसरवादी।

ख़ता भूल; ग़लती।

इख़लास 1. सच्चा और निष्कपट प्रेम 2. सरलता; निश्छलता।

हिरास 1. निराश 2. आशंका।

वो क्या हो गए

जिन्हें बरसों प्यार किया, वो पल में क्या हो गए,
दिल ऐसा जला कि होशो-हवास गुम हो गए।

    आँसु तो कई छलके पर दामन को क्या छूते,
    छूने से पहले, दिल की आग से हवा हो गए।

ग़िला इसका नहीं कि मुझ पे कैसे जुल्म हुए,
ग़म है कि ऐसे जुल्म तेरे हाथों से हो गए।

    तुझसे ऐसा होगा, सपने में भी सोचा ना था,
    या तो मैं पागल था, या तेरे जज़्बात पागल हो गए।

तूँ सोच कुछ ऐसा जो तुझसे ज़्यादा मैंने चाहा,
ऐसा कुछ नहीं फिर भी तुझसे ये सितम हो गए।

    अपनी आँखों में अब भी तेरा चेहरा दिखता है मुझे,
    इतनी बेइंतिहा मुहब्बत के भी क्या अंजाम हो गए।

ये सवाल गूँजता है कि तूँने ऐसा क्यों किया,
क्या पूछूँ तुझे अब जब पूछने के मतलब ख़त्म हो गए।

ज़मानों ख़ुशी तेरी बहार-ए-दिल थी मेरी,
अब ज़माने हैं कि ख़याल तेरे दर्दे दिल हो गए।

दिल जल कर अब टूटा है पारा-पारा हो,
जहाँ बसते थे अरमान तेरे वो कोने राख हो गए।

क्या हैं

ग़िला इसका नहीं कि हम कुछ नहीं,
ग़म है इसका कि उनके के लिए अब कुछ नहीं।

थे बहुत कुछ जब चूसना था लहू हमारा,
जब लाली है गई तो हम अब कुछ नहीं।

जब हँसते थे लब मेरे तो थे वो,
आज आँसू हैं दो तो वो नहीं।

ख़ूब लुटाईं ख़ुशियाँ हमने उनपर,
पर हमें मिला ग़म के सिवा कुछ नहीं।

छोड़ ज़माने की बातें सब बेकार,
किसे क्या मालूम हम क्या हैं क्या नहीं।

उस पत्थर को जिसने प्यार किया,
वो पागल मैं ही था कोई और नहीं।

इतना दिल जलाया उस संग-दिल ने,
ताउम्र जलना मंज़ूर पर उससे आब नहीं।

जिस सुख़न से ली थीं साँसे उसने,
उसी को सुन कहते हैं वो अब कुछ नहीं।

रो पड़ते थे उसे रोता देख,
पर आज समझा वो इस लायक थी ही नहीं।

नूरे आफ़ताब आज अदना है अब्र से,
पर अब्र को भी मालूम आफ़ताब की आग क्या नहीं।

बहुत पाने खाने की मुझे हवस नहीं,
सादा दिल हूँ ये नहीं कि मुझसे कुछ होता नहीं।

दुनिया के लिए मैं ख़ामोश गुमनाम सही,
पर रब को पता मेरी आवाज़ क्या नहीं।

मेरी कलम में है दवात-ए-दर्द,
अरे सच्चा शायर हूँ मैं ऐसा नहीं कि कुछ नहीं।

मत ललकार वक़्त-ए-मलामत में,
ये आने वाला वक़्त कहेगा हम क्या हैं क्या नहीं।

शब्दार्थ

संग (संस्कृत से) 1. साथ 2. साथ रहने की अवस्था या भाव।

संग (पंजाबी से) पत्थर।

संग-दिल 1. पत्थर-दिल 2. दिल के साथ रहने वाला।

आब पानी; जल।

सुख़न 1. काव्य; कविता; शायरी 2. प्रवचन।

आफ़ताब सूर्य।

अदना तुच्छ।

अब्र बादल; मेघ।

मलामत निंदा।

निर्मला

तुमसे बात करते कभी कहीं खो से जाते हैं,
कभी देखते हैं तुम्हें तो कभी ख़ुद को समझाते हैं।

मिलना हमारा तो नसीबों में था लिखा,
दिल के तार यूँ ही नहीं किसी से मिल जाते हैं।

अक्सर सोचता हूँ ऐसा कैसे है होता,
कि बिना बोले हम जज़्बात समझ जाते हैं।

क्यों देख तुम्हें मन ऐसे है ख़ुश होता,
जैसे बहारें देख गुल खिल आते हैं।

क्या है तुममें ऐसा, कैसा है बंधन हमारा,
कि इतने मीलों दूर से भी हम बंधे जाते हैं।

बातों ही बातों में घंटे बीत जाते हैं,
फिर सोचते हैं हम पल कैसे गुज़र जाते हैं।

कहने को तो कह दूँ पर क्या कहूँ,
इन सवालों के जवाब समझ नहीं आते हैं।

वो बहारें कहाँ हैं?

वो बहारें कहाँ हैं,
कोई उन्हें बताए हम यहाँ हैं।

जी रहा हूँ यहाँ,
पर तमन्ना-ए-ज़िन्दगी कहाँ है।

दर्द किसी का कौन उठाता है,
आँसुओं में बसा ये आज भी यहाँ है।

वो बादल जो हम पर बरसने थे,
उनसे पूछो वो कहाँ हैं।

खिलने की ख़्वाहिश मुझे भी है,
बहारें जो खिलाएँ मुझे वो कहाँ हैं।

ग़र वो ना मिलें

इस शहरे यादगार में किससे मिलें,
दिल है जिनसे लगा ग़र वो ना मिलें।

ना वो जसारत है ना वो माज़ी,
फिर तूँ ही बता तुझसे कैसे मिलें।

बिखर गया है आशिक़ तेरा,
ऐसा नहीं कि उसके पास हौसले सले ना मिलें।

जिस साज़ का किया लाख रियाज़,
साधने को उसे आज सुर ना मिलें।

अपने अहद अफ़सोस पे रो लेते,
पर क्या रोएँ जो आँसू ना मिलें।

ऐसे तो नहीं दिल को तसकीन,
मिले तूँ तो जीने के बहाने मिलें।

ग़र ये ग़म कुछ और रहा,
फिर किसे मालूम हम मिलें ना मिलें।

शब्दार्थ

जसारत वीरता; बहादुरी।

माज़ी भूतकाल; विगत; बीता हुआ युग।

अहद अद्वितीय।

तसकीन तसल्ली; सांत्वना।

निकलेगी जान

निकलेगी जान हब्स-ए-वक़्त से ऐसा है लगता,
सब्र कर मेरी जान, वक़्त बदलते भी वक़्त नहीं लगता।

हम तो तमाम उम्र तमाशा ही रहे शायद,
लेने चले थे चाँद पर चाँदनी भी ना मिली ऐसा है लगता।

कौन सुनेगा इस महफ़िल में ख़ामोशी हमारी,
ख़ुद को सुन नहीं सकते, हमें सुनेंगे ऐसा नहीं लगता।

नसीब ने इतना आज़माया तौबा-तौबा,
अब और आज़माने लायक बचे हैं ऐसा नहीं लगता।

अपनी महोब्बत को सजा रक्खा है पलकों पर,
ऐ महोब्बत तूँ ही बता तुझे वहाँ कैसा है लगता।

दिल में रहती हो, मालूम तुम्हें हाले दिल मेरा,
फिर क्यों पूछती हो बार-बार मुझे कैसा है लगता।

ऐसा तो किया कोई जुर्म याद नहीं,
फिर क्यों सज़ा पाई जो दिल को इतना दर्द है लगता।

तोड़ कर क़फ़से यास लहरे लौ आए,
ऐसा शायद मुमकिन नहीं फिर भी मुझे है लगता।

हमने तो बस जज़्बा-ए-दिल बयाँ किया था,
ये तो बन गई है गज़ल ऐसा है लगता।

शब्दार्थ

हब्स कैद या बंद रहने की अवस्था।

कफ़स कारागार; कैदख़ाना।

यास 1. निराशा; मायूसी; उदासी 2. भय।

लौ 1. लगन 2. ज्वाला 3. आशा।

चैन कहाँ

लोग ही लोग हैं जहाँ देखो वहाँ,
इतनी भरी दुनिया में दिल लगेगा कहाँ।

कारोबार ने कुदरत को मिटा दिया,
सीमेंट के जंगलों से भर रहा है जहाँ।

इनका हिस्सा तो इनसान ने छीन लिया,
ये पंछी, पौधे, पेड़, जानवर जाएँ कहाँ।

जिसने द्रख़्त काट धरती के लाल छीने,
उस पापी पैसे के यार को लोग पूजे यहाँ।

कामयाब हो जाएँ चाहे जैसे-तैसे हो,
गिरती इस सोच का क्या करें बयाँ।

कहें लोग भीड़ बढ़ाओ चलो भेड़चाल,
अपनी धुन में मस्ताना बना है जुर्म यहाँ।

साँस में हवा नहीं धुआँ लेते हैं,
इस गर्दो गुबार में चैन मिलेगा कहाँ।

शब्दार्थ

गर्द राख; धूल।

गुबार 1. धूल 2. मन में दबा हुआ दुर्भाव या क्रोध 3. दुख।

ख़्यालों में

तुमसे बातें हैं की अक्सर ख़्यालों में,
ओ जान-ए-जाँ हम मिले हैं अक्सर विसालों में।

तुम नहीं ये तो दुनिया की सोच है,
हमने तो देखा है तुम्हें अक्सर ख़्यालों में।

वो हर एक बात अब भी है याद,
जिसका ज़िक्र किया था तुमसे ख़्यालों में।

कुछ तो है रंगा रंगे जुनून हम पर,
की रंगी है हमने अलग दुनिया ख़्यालों में।

तेरे पहलू में जो अश्क थे गिरे,
रुला देती है उनकी नमी अब भी ख़्यालों में।

कहीं ये ख़्याल, ख़्याल ही ना रह जाएँ,
रुला देता है ये ख़्याल, ख़्यालों में।

ऐ मुहब्बत

हमारी मुहब्बत को अब कोई नाम तो दो,
मेरी ख़ातिर ही सही कोई जाम तो दो।

जी उलझता है नगमा-ए-ज़माना सुनकर,
हम भी गाएँगे तुम आवाज़ तो दो।

क़दम-क़दम पूछती है दुनिया बातें कई,
ऐ जान कहने को बाते हयात तो दो।

मदहोशी में होशे हक़ीक़त भुला आए,
कहीं गिर ना जाएँ ज़रा हाथ थाम तो लो।

तमाम तदबीरें तुझ पर वार चुके,
हमारी तदबीरें अब तुमसे हों तो कोई काम तो हो।

देखकर हाल हमारा जी नहीं तरस्ता तुम्हारा,
हमारे हाल की ख़बर हो तुमको इसका कुछ इंतज़ाम तो हो।

दिल की वादियों में गूँजती हैं सदाएँ,
सुनती हो इन्हें तो जवाब तो दो।

कब से दे रहे हैं दस्तक तेरे दर पर,
बरसों बीते अब इस फ़क़ीर की पुकार तो हो।

तुझे खोजते ख़ुद में गए हैं खो,
अब हमारे होने का ज़माने को एहसास तो हो।

तुम ही बसी हो आँखों में,
अब नज़र बन जाओ तो देखें तुमको।

हमें रोना है ग़म-ए-ज़िन्दगी पर,
तुम सहलाओ तो अश्कों से इंसाफ़ तो हो।

कोई हमराह नहीं पर कोई हमदर्द तो हो,
दर्द सही पर दर्द-ए-दिल की दवा तो हो।

मर गए अगर मर्ज़े तमन्ना से हम,
फिर कहोगी तुम, "हम पे मरने वाला कोई तो हो।"

ये सितम

ये सितम भला कैसे सहे जाते हैं,
देखते हैं हम और वो देखकर चले जाते हैं।

अरमाँ हमारे राहों पर चले जाते हैं,
हम हैं सम्भालते इन्हें और ये हैं कि मचले जाते हैं।

सुना सनम साथ अपने बहार लाते हैं,
पर यहाँ तो सनम बस आते जाते हैं।

उनकी इतनी इनायत भी बड़ी ग़नीमत है,
वो नहीं आते तो क्या दिल में शेर तो आ जाते हैं।

अब तो इस कूचे की हवाएँ भी हमे पहचानती हैं,
आते-जाते झोंके रुक कर सलाम कर जाते हैं।

इक अरमाँ हैं हमारे कि उन पर मरे जाते हैं,
इक वो हैं जिनहें ज़रा भी अरमाँ नहीं आते हैं।

उनके इंतज़ार में सहर से शाम हो जाती है,
फिर तारे टिमटिमा कर कल का यक़ीं दिला जाते हैं।

हम हैं जो उन पर शेर पर शेर लिखे जाते हैं,
और कुछ तो होता नहीं हमसे बस यही किये जाते हैं।

अब तो हमें ख़ुद पर तरस आता है,
जज़्बा बुलंद है पर दिलो-जाँ डूबे जाते हैं।

शब्दार्थ

इनायत दया; कृपा; मेहरबानी; उपकार।

कूचे गलियाँ; कम चौड़ा या छोटा रास्ता।

दिल की कसक

अपने दिल की कसक छिपाऊँ कैसे,
अश्के दिल का दरिया बहाऊँ कैसे।

उपर से लूट लिया ज़माने ने,
अंदर का तुझ पर लुटा जी पाऊँ कैसे।

यूँ तो रास्ते और भी हैं,
पर तुझसे जुदा हो कहीं जाऊँ कैसे।

बिक गए हैं लोग, बिकते ईमान,
बिकाऊ नहीं तो जज़्बे का मोल लगाऊँ कैसे।

जो मर गया मैं मशक्कत में,
कहोगी तुम दूसरा 'राज' ढूंढ के लाऊँ कैसे।

शब्दार्थ

कसक दुखद अनुभव के स्मरण से होने वाली पीड़ा; टीस।

मशक्कत 1. कठोर श्रम; कड़ी मेहनत; परिश्रम 2. कष्ट; दुख।

वो और मुहब्बत मेरी

अदा-ए-मुहब्बत दुनिया को सिखाए कोई,
हमारे दिल का हाल उनको ज़रा बताए कोई।

कौन है वो कुछ ख़बर नहीं,
पर दिल को है यकीं है ख़ास कोई।

वो हो नहीं सकती हर कोई,
जो निगाहों में देखे नज़र है भला ऐसी कोई।

देख ज़माने का रंग दिल है डूबता जाता,
डूबते हमारे दिल को आकर बचाए कोई।

इतने सजे चेहरों में कोई आँखों में सजता नहीं,
दिल में बसा लें जो सादगी में सज कर आए कोई।

है सजी वफ़ा रूप में हमारे,
निगाहें जो निहारें इसे कहीं से ढूंढ़ मे लाए कोई।

हमारी हस्ती है क्या हमें मालूम,
भूल जाएँ हम ख़ुद को इश्क़ में ग़र दिल लगाए कोई।

बहारे जवानी कहीं फ़िराक़ में ही कट ना जाए,
फिर सूखे में क्या फ़र्क़ आए ना आए कोई।

शब्दार्थ

फ़िराक़ वियोग; जुदाई; विरह; बिछड़ना।

शिकवा

हर शख़्स से कोई शिकवा कुछ ग़िला है,
हमें पूरा हक जो किसी से ना मिला है।

दिल करता तोड़ दें सबसे नाते सारे,
क्या कहें अब ये ज़िंदगी का सिला है।

कौन हैं ये लोग, हैं तो अपनी ही,
अपनों से ही मिल दिल तिलमिला है।

ऐ मेरी ज़िंदगी की ज़िंदगी सुन ज़रा,
सिवा तेरे मन किसी से ना मिला है।

अब मेरी जान-ए-जाँ तूँ ही बता,
इस जहाँ में अपना जीवन क्यों ना खिला है।

आज लिख इन लफ़्ज़ों को ना भूलना 'राज',
इनकी गूंज से सोच का आधार हिला है।

शब्दार्थ

सिला इनाम; पुरस्कार; उपहार; तोहफ़ा।

तिलमिलाना तड़पना।

क्यों ना बना

उम्र बीत गई पर अपना आशियाना ना बना,
कई शहरों में रहे पर कहीं ठिकाना ना बना।

अपनी आवारगी के साथ कहीं बस ही जाते,
पर आवारा रहना भी हमें गवारा ना बना।

जिस मकान को ख़ुद बुनियाद से बनाया,
वहाँ रहे तो, पर वो भी अपना घर ना बना।

कहीं-कहीं तो दिल अपना भी लगा,
पर हर पल एहसास-ए-ग़ैरियत भी रहा बना।

बार-बार यही सवाल दिल में आता है,
कहीं इक टुकड़ा भी क्यों अपना ना बना?

दिले दिलदार

सुन ज़रा दिले दिलदार,
किन विरानों में ढूँढ़ रहा तूँ करार।

क्यों इल्म पढ़ा कम पड़ा,
जो आज है तूँ इतना बेक़रार।

वो क्या जानें रंगे गुलिस्ताँ,
किया ना जिन्होंने फूलों का दीदार।

हर दिल नहीं तुझसा सलीस,
मत कर मासूमियत का यूँ इज़हार।

आज ज़माने कुछ और हैं,
लोग भूल गए क्या है प्यार।

जिस इश्क़ ने हमें बरबाद किया,
उसे लगाएगा सीने से कितनी बार।

ये शेर कह रहें हैं तुझसे,
तुझमें अब भी है वो ख़ुमार।

दीदार दर्शन।
सलीस 1. कोमल 2. सरल।
ख़ुमार मदहोश।

तेरे इंतज़ार में

तेरे इंतज़ार में हमने वक़्त को भुला दिया,
था तेरा इक इशारा कि हमने सालों को जला दिया।

क्या-क्या जल गया इस इंतज़ार में,
नहीं उसका है हमने कभी हिसाब किया।

जो जुस्तजू की वही है ग़ुमनाम हुई,
क्या कहूँ क़िस्मत ने कितना है मुझे रुला दिया।

शौंके उम्रे जवानी बिन आए बीत गया,
ना मिले हक का कभी ना हमने ग़िला किया।

नूरे विसाल से रंगे फ़िराक़ हटेगा कब,
क्या ख़ता हुई जो तुमसे इतना पूछ लिया।

वो था मैं जो ना बहका मयख़ाने पी,
आज वही हूँ मैं जिसे दो बूँदों ने हिला दिया।

बूँदें ये होती मय की तो था ही क्या,
दिल के आँसु थे जिन्होंने आँखों से सागर बहा दिया।

मुझ में भला शायरी का हुनर कहाँ,
ये तो अश्क हैं मेरे जिन्होंने शब्दों को उठा दिया।

कुछ तो तसव्वुर है ऐसा ख़ुदा ने दिया,
लाख गिरा पर फिर किसी कशिश ने चला दिया।

शब्दार्थ

जुस्तजू खोज; तलाश।

विसाल संयोग; मिलन; युग्मन।

फ़िराक़ जुदाई; बिछोह; वियोग।

ख़ता भूल; ग़लती।

मयख़ाना मदिरालय; शराबख़ाना; मधुशाला।

तसव्वुर ख़याल; ध्यान।

कशिश आकर्षण; खिंचाव 2. प्रवृत्ति; मनोवृत्ति।

तूँ

राहे इश्क़ में हमसफ़र हैं तूँ,
जंगे ज़िन्दगी में ज़फ़र है तूँ।

इश्क़ तूँ मकाम-ए-इश्क़ है तूँ,
मेरे साथ तूँ मुझमें है तूँ।

है बसी आँखों में तूँ,
जहाँ देखूँ है बस तूँ ही तूँ।

मेरी अकेली ज़हीर है तूँ,
साथ तूँ सफ़र है तूँ।

क्या कहूँ कौन है तूँ,
संकल्प मेरा सब कुछ है तूँ।

शब्दार्थ

ज़फ़र विजय; जीत।
ज़हीर सहायक; मददगार; मित्र।

तुम कहो तो

तुम कहो तो सूखे में सावन बरसा दूँ,
तुम कहो तो हर हार को जीत बना दूँ।

थक रुके हैं कदम रस्तों पे चलते-चलते तो क्या,
तुम कहो तो कदमों तले रस्तों को चला दूँ।

तुम्हारे तीखे तेज़ तीर निशानों पर ना लगे तो क्या,
तुम कहो तो निशानों को उड़ा तीरों पर लगा दूँ।

जिन मील के पत्थरों को दुनिया कहती है मंज़िल,
तुम कहो तो इन्हें ला तुम्हारे आगे सजा दूँ।

जो जागती रात में दिन की प्यास इतनी सताती हो,
तुम कहो तो रात को दिन में तबदील करा दूँ।

नहीं दिल, दिल की बात होंठों से कहने का तो क्या,
तुम कहो तो हाल-ए-दिल नज़रों से बयाँ करा दूँ।

तुम्हारी मंज़िल मैं तुम्हारे दिल में हूँ,
तुम कहो तो ये बयाँ दुनिया से दिला दूँ।

जिन महान लोगों की तुम मिसालें दिया करते हो,
तुम कहो तो उनके आगे बेमिसाल तुम्हें बना दूँ।